Muskelaufbau & Krafttraining
effektiv mit natürlicher Ernährung

Die Informationen dieses Buches sind nach bestem Wissen und Gewissen dargestellt. Sie ersetzen nicht die Betreuung durch einen Arzt, Heilpraktiker oder Psychotherapeuten. Weder Autor noch Verlag übernehmen eine Haftung für Folgen irgendwelcher Art, die direkt oder indirekt aus der Anwendung des Inhaltes dieses Buches entstehen könnten.

Hiermit widme ich dieses Buch allen Menschen, die auf dem Weg zu

„körperlicher und geistiger Erleuchtung" sind.

Möge ES euch inspirieren!

Cosmo Vega

Muskelaufbau & Krafttraining effektiv mit natürlicher Ernährung

.

Bibliografische Information der Deutschen Nationalbibliothek:
Die Deutsche Nationalbibliothek verzeichnet diese Publikation in der Deutschen Nationalbibliografie; detaillierte bibliografische Daten sind im Internet über http://dnb.dnb.de abrufbar.

Muskelaufbau & Krafttraining effektiv mit natürlicher Ernährung
1 Auflage © 2014 Cosmo Vega

Herstellung und Verlag: BoD – Books on Demand, Norderstedt

ISBN: 978-3- 73474372-6

Inhalt

- Einleitung 7
- Kapitel 1 9
  - Meine Geschichte 9
    - Frankreich: 9
    - Deutschland: 12
    - McFit: 14
- Kapitel 2 21
  - Mentale Aspekte 21
- Kapitel 3 26
  - Ernährung 26
    - Tiere: 26
    - Gorillas: 27
    - Superfoods & Nahrungsergänzungsmittel: 28
    - Obst: 34
    - Fleisch & Milchprodukte: 34
    - Ethik: 36
    - Fisch: 38
    - Geflügel: 40
    - Wiederholung: 41
    - Proteinshakes: 43
    - Fragen: 46
    - Smoothies: 49
    - Tipps und Zusammenfassung Ernährung: .. 50
- Kapitel 4 56
  - Training 56
    - Trainingspraxis: 56
    - Trainingsmethoden: 62
    - Aufwärmen und Abwärmen: 63
    - Ergänzungen zum Training mit Abschluss: . 68

Einleitung

Würdet Ihr mir glauben, wenn ich Ihnen sagen würde, dass ich innerhalb von nicht mal einem Jahr ca. 10 kg zugenommen habe bei gleichbleibendem Körperfettanteil um die 10% mit pflanzlicher Ernährung und rein pflanzlichen Proteinshakes?

Wahrscheinlich nicht – oder?

Wie soll das gehen, ca. 10 kg Muskeln aufbauen in einem Jahr ohne Steroide und ohne Fleisch?

Ich erwarte auch nicht von Euch, dass Ihr mir blind glaubt. Dennoch möchte ich in diesem Buch mein Erfahrungen, Erfolge und persönlichen Ansichten mit Euch teilen, weil ich mir sicher bin, dass die eine oder andere Idee und Information sehr nützlich für Euch sein kann.

Dadurch könnt Ihr Euch viele unnötige und ineffektiv ausgenützte Trainingseinheiten und Zeit ersparen. Man muss das Rad ja nicht neu erfinden.

Hierbei ist mir vollkommen bewusst, dass dies meine subjektiven Erfahrungen und Meinungen darstellen und ich keinen Anspruch auf „die Wahrheit" erhebe.

Dennoch bin ich felsenfest überzeugt, dass viele Sportler, ob es Anfänger oder Fortgeschrittene, jung oder alt, männlich oder weiblich sind, in irgendeiner Weise von den folgenden Informationen und Anregungen profitieren werden.

Somit wünsche ich allen Lesern viel Freude beim Lesen und Ausprobieren der hierin enthaltenen Informationen.

Wie heißt es so schön:

Probieren geht über Studieren!

Kapitel 1

Meine Geschichte

Wenn Ihr mir erlaubt, würde ich gerne erst einmal etwas über mich erzählen, damit Ihr eine grobe Vorstellung bekommen, mit wem Ihr es zu tun haben. Deswegen werde ich damit beginnen zu erläutern, wie ich überhaupt zum Kraftsport gefunden habe, und danach möchte ich Euch auch einiges sagen, wie ich zur pflanzlichen Ernährung gekommen bin sowie welche Erfahrungen und Erkenntnisse ich diesbezüglich gesammelt habe.

Frankreich:

Von ca. 2010 bis 2013 lebte ich in Südfrankreich in der Region um Montpellier. Diese Gegend ist weltweit berühmt für ihre hervorragenden Klettergebiete bzw. Kletterfelsen und auch das sonnige milde Klima, bei dem man fast das ganze Jahr draußen als auch in Hallen klettern kann.

Dort war es naheliegend, dass für mich als sportbegeisterten Mensch meine große Leidenschaft und Hobby das Sportklettern war. Ich habe dort in der Woche ca. drei- bis viermal je nach Lust und Gelegenheit meist mit Einheimischen oder anderen Kletterkumpels geklettert. Manchmal haben wir auch mehrtägige „Klettertrips" in umliegende Gebiete wie an die Ardèche, in die Pyrenäen oder Cevennen gemacht.

In dieser Zeit lag mein Körpergewicht meistens so ca. zwischen 62 und 65 kg, bei einer Körpergröße von ca. 176 cm.

Ich war ganz bewusst sehr schlank und drahtig mit sehr geringem Körperfettanteil, wie die meisten guten Klettersportler. Beim Klettersport ist nicht Muskelmasse ausschlaggebend, sondern eher kräftige Finger und Unterarme, Griffstärke, Fußtechnik und vor allem mentale Stärke bei schwierigen Vorstiegsrouten.

Da ich mich schon seit etwa zehn Jahren vegan, also rein pflanzlich ernähre, war ich auch in meiner Kletterzeit in Südfrankreich voll Veganer. Dort habe ich mich einfach ausgewogen vegan ernährt, meist soweit wie möglich mit regionalen und saisonalen Lebensmitteln von einheimischen Biobauern.

Damals habe ich auch keinerlei Proteinshakes oder ähnliches zu mir genommen.

Ich sollte an dieser Stelle noch erwähnen, dass ich vor meiner Zeit als Veganer noch ca. 1,5 Jahre Rohveganer war und davor ca. acht Jahre Vegetarier.

Außerdem habe ich in den letzten 20 Jahren „unzählige" Bücher zu diesen Thema gelesen, sehr viel ausprobiert, etliche Seminare besucht, herumexperimentiert, Studienreisen gemacht etc.

Also, ich kann behaupten, wenn jemand sowohl praktische als auch theoretische Erfahrungen und umfangreiches Wissen im Bereich Ernährung hat, dann bin ich es.

Bevor ich wieder nach Deutschland kam und mit dem Kraftsport angefangen habe, hatte ich ein Gewicht von ca. 62,5 kg bei einer Körpergröße von ca. 176 cm und vielleicht einen geschätzten Körperfettanteil von ungefähr 8 bis 10%.

Deutschland:

Jetzt stellt Ihr Euch sicher die Frage, wie ich als begeisterter Sportkletterer zum Kraftsport gekommen bin. Das verrate ich Euch jetzt.

Da ich bisher in meiner Schulausbildung keinerlei französischen Sprachunterricht hatte und diese Sprache ziemlich schwierig ist, hatte ich so meine Probleme, sie in mein Gehirn verankert zu bekommen. Und da ich das nicht so gut und schnell geschafft habe, resultierten daraus einige Schwierigkeiten, meine freiberufliche Tätigkeit als Yogalehrer, Gesundheits- und Ernährungsberater dort auszuüben.

Die Südfranzosen sind „berühmt, berüchtigt" dafür, keine Experten für Fremdsprachen zu sein im Gegensatz zu den Skandinaviern.

Durch dieses Sprachhandicap konnte ich nicht in dem Rahmen Kurse und Coachings geben, um meinen Beitrag zum Familieneinkommen generieren zu können. Darum entschied ich mich wieder nach Deutschland zurückzukehren, um wieder hier zu arbeiten bzw. eine Ausbildung zu starten.

Nachdem ich mich von Frankreich aus per Emails intensiv im Raum Freiburg für Arbeits- und Ausbildungsstellen beworben hatte, bekam ich ein Angebot für eine Stelle auf selbständiger Basis.

Daraufhin habe ich mit großem Glück und über Freunde und Bekannte relativ schnell eine Wohnung in Freiburg gefunden. Wer einigermaßen den Wohnungsmarkt in Freiburg kennt, weiß, wie schwer es ist, in Freiburg eine Wohnung von außerhalb zu finden.

Hier angekommen gab es Komplikationen für die Stelle mit administrativen Angelegenheiten zwischen der Zentrale und dem Freiburger Büro, sodass es nicht zu einem endgültigen Arbeitsvertrag kam.

Somit war ich hier, hatte eine Wohnung, aber ohne Job und kein Geld und war ziemlich genervt, wütend, traurig und etwas orientierungslos. - Was tun jetzt?

Da ich am besten mit intensivem Sporttraining einen klaren Kopf bekomme und emotional wieder zur Balance finde, habe ich mir überlegt, was ich jetzt machen soll.

Klettern wie in Südfrankreich war hier nicht die ideale Option, weil ich hier fast niemanden kannte und somit keinen Kletterpartner zum Absichern hatte. Auch fehlte das Geld, um die Eintritte für die Kletterhalle zu bezahlen, die von meiner Wohnung aus am anderen Ende der City ist, sowie ein Auto, um an irgendwelche Kletterfelsen in der Gegen zu fahren, von der fehlenden Ortskenntnis ganz zu schweigen. Das Wetter ist hier außerdem nicht so warm und sonnig wie in Südfrankreich, wo man fast das ganze Jahr draußen Klettern kann.

Kurz und knapp war Deutschland ohne Kletterkumpels, ohne Auto, ohne ausreichend Geld kein Kletterparadies im Gegensatz zu Südfrankreich.

Also, was tun? - Wenn man drei- bis viermal die Woche zwei bis vier Stunden intensiv Klettersport betrieben hat, kann man nicht einfach so mit Sport aufhören.

Vor allem jetzt hatte ich es nötiger denn je, um einen klaren Kopf zu bekommen und emotional wieder ausbalanciert zu werden.

McFit:

Die Lösung kam durch ein youtube-Video von Frank Medrano/Superhuman Body-Workout. Frank Medrano ist auch ein langjähriger Veganer wie ich und eine Koryphäe im Calisthenics Sport.

Was ist Calisthenics? - Es ist Kraftsport hauptsächlich betrieben mit dem eigenen Körpergewicht am Boden (z.B. Liegestütze), an der Stange (z.B. Klimmzüge), aber eigentlich gibt es keine vorgegebenen Regeln. Bei näherem Interesse findet Ihr auf youtube tausende Videos über Calisthenics.

Wie auch immer war ich von Frank Medranos athletischem Körper, seiner sagenhaften Kraft, seiner Vitalität so beeindruckt, dass ich mich entschied, auch Kraftsport zu machen, um so auszusehen wie er. Vor allem, weil er ja auch voll Veganer war und ist wie ich.

Somit habe ich angefangen, im Internet zu recherchieren, wo es in Freiburg Fitnesstudios zu welchen Preisen gibt, die ich auch gut mit dem Fahrrad erreichen konnte.

Nachdem ich einige Probetrainings in diversen Studios in Anspruch genommen hatte, war es klar mich bei McFit anzumelden.

Ich konnte relativ gut mit dem Rad in ca. 15 Minuten hinfahren, es war auch so ziemlich das größte und günstigste Studio und es hatte als einziges durchgehend geöffnet.

Weil ich in meiner Wohnung keine Körperwaage hatte, habe ich mich meistens vor dem Training im Studio gewogen.

Bei meiner Anmeldung hatte ich ca. 62,5 kg.

Nach etwa zwei Wochen intensivem Training habe ich deutlich gemerkt, wie mein Körper immer definierter wurde und schon gut sichtbare Sixpack-Ansätze sich aufzeichneten.

Und durch das Training ging es mir auch mental und emotional wieder viel besser.

Aber an meiner Masse bzw. Körpergewicht hatte sich kaum was verändert.

Ich nahm wie bisher eine große Mahlzeit nach dem Training ein und eine kleine entweder am Morgen oder am Abend. Ich esse schon seit meiner Kindheit ungerne, wenn ich früh aufstehen muss.

Im Studio habe ich beobachtet, wie die meisten „durchtrainierteren" Männer nach dem Training aus dem Automaten oder aus mitgebrachten Shakern Proteinshakes zu sich nahmen.

Und da ich ja auch etwas Muskelmasse zunehmen wollte, hatte ich die Absicht, auch mal solche Proteinshakes auszuprobieren. Aber leider war kein einziger Proteindrink vegan in dem Automaten im Studio, bei dem man auch Booster, andere Getränke und vieles mehr erhalten kann.

Eines Tages kam eine Studiomitarbeiterin zu mir, mit welcher ich mich schon mal über Ernährung und Veganismus unterhalten hatte, weil Sie großes Interesse daran hatte, und sagte zu mir, dass Sie ein Kilo veganes Sun Warrior Reisprotein bestellt habe, und wenn ich wolle, würde Sie mir gerne die Hälfte abfüllen und abgeben. Ja klar, habe ich gesagt, Probieren geht über Studieren.

Daraufhin habe ich ein bis zwei Shakes pro Tag einfach nur mit Wasser eingerührt getrunken.

Ich habe richtig gemerkt, wie meine Muskeln die Proteindrinks wie ein Schwamm aufgesaugt haben.

Man hat meinen Muskeln in den ersten drei Monaten fast zuschauen können, wie Sie gewachsen sind. Wobei ich in dieser Zeit auch lange und sehr intensiv trainiert habe, weil ich ja keinen Job hatte und fast niemanden in der neuen Stadt gekannt habe, auch wenig Geld hatte, um auszugehen, somit hatte ich echt nichts Besseres zu tun als zu trainieren. Ich hatte ja wirklich Spaß, fast täglich zu trainieren. Beim Training nach ca. 1,5 Stunden habe ich auch oft gemerkt, wie mein Kopf und meine Emotionen so entspannt wurden und mein Körper Glückshormone ausgeschüttet hat, was auch andere Sportler haben, wenn Sie intensiv trainieren. Also das Training hat mir wirklich körperlich und geistig Freude bereitet.

Was ich auch sehr gut am Kraftsport fand, ist die Tatsache, dass man jederzeit unabhängig trainieren kann. Im Gegensatz zum Routenklettern braucht man immer einen Kletterpartner, der einen absichert, und man braucht auch eine Kletterausrüstung etc.

Zum Krafttraining brauche ich niemanden, nur meine Sportschuhe, Handschuhe und ein Handtuch.

Ich denke, meine Muskeln sind auch deshalb so schnell und gut gewachsen, weil ich echte Freude daran hatte zu trainieren und deshalb auch ausgiebig und intensiv trainiert habe.

Somit habe ich in den ersten ca. drei bis vier Monaten den heftigsten Wachstumsschub gemacht, wobei ich ca. 5 kg zugenommen habe, bei gleichbleibendem Körperfettanteil von ca. 8 bis 10%.

Inzwischen ist fast ein Jahr vergangen und mein Körpergewicht liegt so bei ca. 73,5 kg bei demselben Körperfettanteil.

Wie gesagt hatte ich vor weniger als einem Jahr, bevor ich mit dem Kraftsport angefangen habe, ca. 62,5 kg Körpergewicht.

Ich sehe zwar noch nicht so aus wie Frank Medrano, aber innerhalb von einem Jahr habe ich dennoch einen Quantensprung vollbracht mit rein pflanzlicher Ernährung, rein pflanzlichen Proteinshakes und ganz ohne irgendwelche Steroide oder Ähnliches.

Dies war in Kurzform meine Geschichte, wie ich zum Kraftsport gefunden und welche Erfolge ich erzielt habe.

Da ich in der Zwischenzeit noch Vieles mehr ausprobiert, angelesen und experimentiert habe im Kraftsportbereich, Muskelaufbau und speziell pflanzlicher Ernährung für Sportler, werde ich im folgenden meine Erfahrungen, Ansichten und Ideen mit Euch teilen.

Ich werde ein Kapitel über Ernährung, ein Kapitel über das Training und auch ein kurzes Kapitel über mentale Aspekte schreiben.

Falls mir am Schluss noch mehr einfallen sollte, dann lasst euch einfach überraschen.

Meine Absicht ist es, einen groben Leitfaden euch in die Hände zu geben, womit ihr selbst einiges ausprobieren und „herumspielen" könnt.

Wie gesagt sind das meine subjektiven Erfahrungen und Meinungen, worauf ich keinen Anspruch als die „absolute Wahrheit" erhebe. Ich will viel mehr inspirieren, anregen und zum Ausprobieren und Weiterlernen anregen.

Kapitel 2

Mentale Aspekte

Man könnte endlos über Ernährung und die mentale Einstellung dazu diskutieren, aber ich will meine Ansichten hier so einfach und kurz wie möglich gestalten.

Ich beschäftige mich schon seit ungefähr 20 Jahren intensiv mit dem Themenspektrum rund um Ernährung, Gesundheit, Mentaltraining und dabei habe ich die Erfahrung gemacht, dass die meisten Menschen sehr unflexibel, ja fast borniert sind, wenn es um Veränderungen, Dazulernen und Selbstdisziplin geht.

Jeder hat irgendwo irgendwas aufgeschnappt und es irgendwann als Wahrheit akzeptiert, ohne dieses Wissen überhaupt zu hinterfragen. Somit glauben viele, es ist eine absolute Tatsache, obwohl es total falsch ist und schon längst seriös wissenschaftlich widerlegt wurde.

Aber wer macht sich schon die Mühe, sich damit intensiv auseinanderzusetzen, zu hinterfragen, zu forschen, Bücher zu lesen oder Seminare zu besuchen, usw.

Ich kenne fast keinen außer mir selbst, der das wirklich getan hat.

Wobei ich sagen muss, ich habe dies vor ca. 20 Jahren aus einer körperlichen, geistigen wie seelischen Krise heraus angefangen, nachdem ich gemerkt habe, dass mir die Schulmedizin in dieser Lebensphase nicht mehr weiterhelfen konnte.

Ihr meine lieben Leser könnt euch hiermit all die Arbeit und Zeit ersparen, die ich gebraucht habe, um all meine Erfahrungen und Wissen zu erlangen, weil ich es hier sehr komprimiert mit Euch teilen werde.

Wobei ich von vornherein betonen möchte, Ihr werdet nur soviel von dem Wissen profitieren, wie Ihr aktiv umsetzt und ausprobiert.

Wissen ist nur dann Macht, wenn man es anwendet. Also, nur ANGEWANDTES WISSEN IST MACHT! - Das nennt man nach meiner Ansicht WEISHEIT.

Darum probiert das alles hier erst mal ohne Wertung, mit einer neutralen Einstellung aus.

Falls ihr schon zu Beginn Eure mentalen „Schutzbrillen" und Weltanschauungen hineinprojiziert, wird Euer Unterbewusstsein vieles ablehnen, noch bevor Euer Verstand die Chance bekommt, darüber konstruktiv nachzudenken.

Das läuft alles unbewusst ab und am Schluss erzeugt der Verstand dann die „tollsten" Ausreden, warum man es nicht mal ausprobieren kann.

Wir laufen alle mit unseren mentalen „Schutzbrillen" herum, dabei sieht der eine die Welt blau, die andere rot, der andere grün und jeder in seiner individuellen Farbe...

Trefft bewusst eine Entscheidung und Wahl, auch beim Lesen anderer Bücher, es erst mal so wertneutral wie möglich zu lesen, wie ein leeres Gefäß.

Hierzu fällt mir eine kurze Geschichte ein, um es zu verdeutlichen.

Vor langer Zeit gelangte ein sehr nach Erleuchtung begieriger Aspirant zu einem großen Meister nach einer sehr langen Reise in seiner Hütte hoch auf den Bergen.

Dort angekommen fragt ihn der Meister: „Was kann ich für dich tun mein Sohn, du siehst aus, als wenn du von weit her gekommen bist?"

Der ehrgeizige Aspirant erwidert: „Ich bin von weit her gekommen, um zur Erleuchtung zu gelangen, da Ihr den Ruf eines großes weisen Meisters habt, möchte ich euer Schüler sein, um so auch so schnell wie möglich erleuchtet zu werden."

Der Meister sieht ihn erst schweigend an und bittet ihn mit einer höflichen Geste rein, um Platz zu nehmen.

Schweigend bereitet er einen Tee vor und platziert die Teekanne und Schalen sorgfältig vor ihnen auf dem flachen Bodentisch. Er setzt sich dem Aspirant gegenüber und schenkt ihm in seine Teeschale den Tee ein. Als die Schale voll ist, schenkt er bewusst immer weiter und weiter ein, bis der junge Mann aufschreit und sagt, die Schale sei doch schon voll, ob er das denn sehe nicht?

Der Meister antwortet voller Gelassenheit und Mitgefühl: „Mein Sohn – die Schale ist wie dein Geist, wie soll ich dich etwas lehren, wenn dein Ehrgeiz, Vorurteile und Eitelkeit deine Schale schon überfüllt haben? Gehe und komm erst dann wieder, wenn du deine Schale geleert hast!"

Leider springen die meisten Menschen wie der ehrgeizige Aspirant mit Scheuklappen durch die Welt und dies nicht nur auf die Thematik rund um Gesundheit und Ernährung bezogen.

Kapitel 3

Ernährung

Tiere:

Da wir jetzt schon einiges über eine offene mentale Einstellung gehört haben, mit der Ihr am meisten aus diesem und auch aus anderen Büchern herausziehen könnt, kommen wir jetzt mehr ins Praktische.

Was essen einige der stärksten Säugetiere auf diesem Planeten wie z.B. Elefanten, Nashörner, Pferde, Büffel, Gorillas, Giraffen usw.?

Hauptsächlich Grünzeug wie Gras und Blätter, junge Zweige, Sprossen etc.

Woher nehmen all diese sehr kräftigen Tiere ihre Proteine für ihre Muskeln, all die Mineralien für ihre großen Knochen und all die lebensnotwendigen Vitamine, ohne Fleisch zu essen und auch ganz ohne irgendwelche Milchprodukte zu sich zu nehmen, wenn sie aus der Säuglingsphase raus sind?

Ja, woher wohl, wenn Sie fast ausschließlich grüne Pflanzenteile essen? - Wer hätte das gedacht, dass so viel in Grünzeug steckt wie reichlich Proteine bzw. Aminosäuren, Vitamine, Enzyme, Mineralstoffe.

Gorillas:

Wir sind zu ca. 98 bis 99% genetisch identisch mit Gorillas. Ein ausgewachsenes Silberrücken Gorilla Männchen hat wahrscheinlich mehr Kraft als zehn kräftige Männer und so viele Muskeln, dass sogar Mr. Olympia neidisch werden könnte, und das alles ganz ohne Steroide, Proteinshakes, Booster oder ähnliches.

Dies alles fast nur von grünen Pflanzenteilen - wer hätte das geglaubt oder gewusst?

Das ist doch schon mal eine sehr spannende und interessante Begebenheit!

Wir sind genetisch fast gleich wie Gorillas, haben einen sehr ähnlichen Körper mit zwei Beinen, zwei Händen, fünf Fingern, fünf Zehen, ähnlichem Gebiss, sehr ähnlichem Verdauungssystem usw.

Die ausgewachsenen männlichen Gorillas strotzen nur so vor lauter Muskeln und Kraft.

Alleine diese Tatsache wäre es schon wert, ein Experiment zu starten, wie es wohl für uns Menschen wäre, wenn wir uns viel bewegen, auf Bäume klettern und viel Grünzeug essen würden.

Aber da wir in unserer modernen Gesellschaft mit lauter Arbeiten und Verpflichtungen und umgeben von Beton, Autos, Straßen, Computern usw. nicht die „ideale" Umgebung und schon gar nicht die Zeit und Möglichkeiten dafür hätten, habe ich mir etwas anderes einfallen lassen, wie ich das ausprobieren kann. - Jetzt wird es spannend!

Superfoods & Nahrungsergänzungsmittel:

Also, habe ich mir gedacht: Wie kann ich meinem Körper so ähnliche Lebensmittel wie Grünzeug zuführen, ohne dass ich den halben Tag im Wald „rumspringen" und essen muss, um mein „Gorilla"-Selbstexperiment zu starten?

In unserer modernen Welt und Gesellschaft wäre es schwer möglich wie ein Gorilla zu leben.

Dann bin ich auf eine geniale Idee gekommen, auch wenn es im Grunde genommen einfach ist.

Wie ich schon erwähnt habe, beschäftige ich mich mit der Thematik rund um Ernährung, Gesundheit und Sport bereits seit über 20 Jahren.

In dieser Zeit habe ich mich auch intensiv mit allerlei Nahrungsergänzungsmitteln und Superfoods auseinandergesetzt, herumexperimentiert und ausprobiert. Und von all den Superfoods haben mich am meisten die grünen Superfoods wie Spirulina, Chlorella, Weizengrassaftpulver oder Gerstengrassaftpulver überzeugt. Deshalb nehme ich dies schon regelmäßig seit vielen Jahren.

Es gibt auch Grünpulvermischungen, bei denen auch Beerenpulver und ähnliches dazu gemischt sind, um den Geschmack zu verbessern und noch weitere natürliche Mineralstoffe, Enzyme und Antioxidantien hinzuzufügen. Diese Mischungen sind jedoch meist etwas teurer als die einzelnen Superfoods.

Wusstet Ihr, dass Spirulina einen Aminosäuregehalt von ca. 60% hat und alle essentiellen Aminosäuren enthält, außerdem noch tausende sekundäre Vitalstoffe? - Ebenso ähnlich vitalstoffreich sind Chlorella, Weizengras, Gerstengras und noch andere Superfoods. Man könnte alleine nur über Superfoods und Nahrungsergänzungsmittel mehrere Bücher schreiben, aber da es dies alles schon gibt, gehe ich nicht tiefer in diese Thematik ein. Diejenigen, welche sich intensiver über Superfoods und ähnliches informieren wollen, werden viele Bücher wie auch viele frei zugängliche Informationen im Internet finden.

Meine Idee war, wenn ich meinen Körper täglich intensiv trainiere und bewege und meinem Körper neben der pflanzlichen Nahrung (wie gesagt, bin ich schon seit ca. zehn Jahren Veganer) noch extra Portionen Lebensmittel gebe, die den selben oder ähnlichen Effekt haben wie Kiloweise grüne Pflanzenteile, würde ich vielleicht auch ein bisschen solche Muskeln bekommen wie Gorillas.

Noch eine sehr interessant Nebenbemerkung zu Gorillas, die ich bisher noch nicht verraten habe: Gorillas gehören, soweit ich informiert bin, zu den wenigen oder einzigen

Primaten neben Bonobos, die den Geschlechtsakt von Angesicht zu Angesicht ausführen. Man sagt heutzutage „Missionarsstellung" dazu.

So gut wie alle anderen Säugetiere pflanzen sich nicht von Angesicht zu Angesicht fort, sondern in der „Hundestellung" von „Hinten".
- Ist das nicht spannend?

Was habe ich getan, um meinem Körper ähnliche Nährstoffe zu geben, wie wenn ich kiloweise Grünzeug essen würde?

Ganz einfach, ich habe zu meinem 80% Sun Warrior Reisprotein, was ja ursprünglich auch eine grüne Grassorte ist, einfach noch eine „gute Ladung" Weizengraspulver oder Gerstengraspulver gemischt und/oder noch Spirulina oder Chlorella-Presslinge mit eingenommen.

Weizengras und Gerstengras haben für mich einen angenehmen Geschmack mit dem neutralen Reisprotein.

Spirulina und Chlorella sind ja Süßwasseralgen und diese schmecken mir in Pulverform nicht so gut, darum habe ich sie meistens nur als Presslinge in Tablettenform zu mir genommen. Da schmeckt man nichts, wenn man es einfach mit Wasser runterspült.

Manchmal haben Kleinigkeiten eine große Wirkung. Ich bin mir sicher, meine Muskeln hätten die Proteine nicht wie ein Schwamm aufgesaugt, wenn nicht die unzähligen Vitalstoffe von dem Grünzeugpulver noch dabei gewesen wären.

In Kombination hat mein Körper geglaubt, dass ich Kiloweise rohes Grünzeug esse, weil diese Superfoods normalerweise gefriergetrocknet sind, weswegen die meisten Vitalstoffe und Enzyme erhalten bleiben. Wenn man Lebensmittel über 45 Grad Celsius erhitzt, fangen die Vitalstoffe an sich zu zersetzen. Darum macht es Sinn, auch soweit wie möglich Rohkost zu essen und Gemüse zu dämpfen oder schonend zu garen oder kochen.

Da meine grünen „Spezialproteindrinks" auch noch superkonzentriert sind, haben diese nach dem Training einen hervorragenden Effekt erzielt.

Hier noch ein informativer Beschreibungstext über Spirulina und Gerstengras, welche auf der Packung von Vivanutria–Spirulina steht:

"Die grüne Kraft aus der Urzeit. Die Mikroalge Spirulina Plantensis gehört zu den wertvollsten basischen Nahrungsmitteln unserer Zeit. Bereits seit mehr als drei Milliarden Jahren gedeihen die mikroskopisch kleinen pflanzlichen Organismen unter dem Einfluss von Sonnenlicht, Wärme und Wasser auf unserer Erde. In ihrem natürlichen Lebensraum wandeln sie durch die Urkraft der Photosynthese reines Sonnenlicht in Vitalstoffe um. Neben hochwertigem Eiweiß, Vitaminen, Mineralstoffen und Spurenelementen enthält Spirulina über 2000 Vitalstoffe..."

Beschreibungstext Gerstengras auf Vivanutria-Packung:

"Ein Füllhorn an Vitalstoffen. Aufgrund seiner hohen Konzentration an Vital- und Nährstoffen zählt Gerstengras zu den weltweit wertvollsten Nahrungsmitteln.

In vielen Studien der letzten Jahrzehnte wurden mehr als 250 chlorophyllhaltige Lebensmittel analysiert und dabei entdeckt, dass Gerstengras mehr Vitamine, Mineralien und Spurenelemente sowie Chlorophyll, Enzyme und Bioflavonoide enthält als alle anderen untersuchten Pflanzen. Gerstengras zählt zu den am besten erforschten Lebensmitteln..."

Obst:

Bei all dem darf man nicht aus den Augen verlieren, dass unser Verdauungstrakt auch Faserstoffe braucht, die wie ein Besen unsere Ausscheidungsorgane durchfegen.

Wobei dies bei mir als Veganer kein Problem ist, weil ich sehr viel Gemüse mit Faserstoffen esse und gute Ballaststoffe zu mir nehme.

Jedoch esse ich nicht mehr so viele Früchte, weil die meisten Obstsorten heutzutage viel zu frühreif abgeerntet werden und außerdem die meisten Früchte in den Supermärkten auf Zucker überzüchtet worden sind. Somit haben sie kein ausgewogenes Zucker–Mineralstoff-Verhältnis.

Dieser viele Zucker ohne die nötigen Mineralstoffe kann zu einer starken Übersäuerung des Organismus führen, was langfristig zu vielen schweren Krankheiten führen kann.

Fleisch & Milchprodukte:

Was jedoch wesentlich schädlicher ist als unreife, auf Zucker überzüchtete Früchte, sind pasteurisierte Milch- und Fleischprodukte.

Am schlimmsten übersäuern pasteurisierte Milchprodukte als auch verarbeitete Fleischwaren unseren Körper wie Käse, Milch, Wurst, Salami etc.

Massentierhaltungsfleisch und ähnliches haben auch sehr destruktive Effekte auf den menschlichen Körper. Fast alle Nahrungsmittel mit tierischem Ursprung haben wirklich sehr negative Wirkungen auf unseren Körper. Leider nicht nur auf uns, sondern auch auf unsere Umwelt und unser inneres Wohlbefinden.

Ich will hier kein Buch über die Vorteile tierproduktfreier Ernährung schreiben, jedoch bitte ich Euch, Euch etwas intensiver mit dieser Thematik auseinanderzusetzen, weil es uns alle viel tiefgreifender betrifft als wir es im allgemeinen annehmen.

Unser Essverhalten hat neben den körperlichen auch ökologische und ökonomische Auswirkungen, wessen sich die wenigsten Menschen bewusst sind.

Der Wasser- und Energieverbrauch in der Fleisch- und Milchindustrie ist immens hoch, was schon fast an Wahnsinn grenzt bei all den Umweltproblem und der Trinkwasserknappheit auf unserem Planeten.

Ich bitte Euch, die Bücher von John Robbins (Food Revolution), Dr. Colin Campell (China Study), und andere zu lesen und im Internet z.B. bei der Albert-Schweitzer-Stiftung und peta-Seite zu informieren.

Wer nicht so gerne liest, kann auch das Buch von Dr. Campell – China Study auch als Hörbuch anhören, ist sogar auch auf spotify.

Wer weder gerne liest noch Hörbücher anhört, kann auch die hervorragende Doku "Gabel statt Skalpell" und "Food Inc – Was essen wir wirklich?" anschauen. - Es wird sich auf jeden Fall lohnen!

Ethik:

Jetzt möchte ich doch noch etwas über die ethische Komponente erwähnen.

Der Großteil des Fleisches, Milchprodukte und Eier wird heutzutage in Massentierhaltungen erzeugt. Hat jemand von euch gesehen, wie diese Tiere gehalten und geschlachtet werden?

Ich denke, auch Tiere haben einen gewissen Anspruch und Recht auf Würde und Respekt.

Aber das, was die Menschen den Tieren antun welcher Art auch immer, finde ich schon fast „pervers", wenn man sich intensiver und detaillierter über diese Thematik informiert.

Ich habe die Lebensphilosophie, so lange keine Notwendigkeit besteht, soll kein Lebewesen unnötig leiden!

Ich sehe es so, wenn ich z.B. ein Eskimo oder in einer Notsituation wäre, würde ich wohl selbst jagen und es erlegen und essen.

Aber wir leben in einer modernen Gesellschaft, in der keinerlei Notwendigkeit besteht, irgendwelche Tiere zu halten, töten und zu essen.

Auch nicht als gesundheitsbewusster Kraftsportler und Body Builder. Wer das nicht so ganz glaubt, darf sich gerne mal einige youtube Videos und/oder Fotos von Patrick Baboomian (einer der stärksten Männer der Welt und Weltrekordhalter), Alexander

Dargatz (war Body Building Weltmeister in der Naturalclass und hat Medizin studiert), Frank Medrano (Weltklasse-Athlet, Calisthenics), Brandon Brazier (Triathlet) und noch vieler weiterer Weltklassensportler angucken.

Ihr könnt einfach mal bei youtube oder Google *Vegane Sportler* eingeben und euch überraschen lassen.

Fisch:

Jetzt werden vielleicht einige von Euch protestieren und sagen, aber Fisch ist doch so gesund, oder? - Ja und nein, ist meine Antwort.

Ich würde von ethischer und gesundheitlicher Perspektive her auch ab und zu Fisch essen.

Aber ich esse keinen Fisch mehr, hauptsächlich aus ökologischen und ökonomischen Gründen.

Es würde jetzt den Rahmen dieses Buches sprengen, wenn ich alle relevanten Argumente aufzählte. Ich belasse es hier dabei, indem ich Euch sage, die Weltmeere sind voller Müll jeglicher Art wie unzählige Tonnen Plastik, Schwermetalle, Öl und illegal entsorgten radioaktiven Fässern usw.

Außerdem sind die Fischbestände weltweit katastrophal überfischt und bei Kilometer langen Treibnetzen verenden auch viele Delfine und Wale, welches wiederum Säugetiere sind.

Es gibt auch spezielle große Schleppnetze mit Gewichten, welche den Meeresboden total zerstören.

Diese Gründe sind lediglich die Spitze des Eisberges, welche gegen Fischkonsum sprechen. Aber andererseits sage ich, wenn Fisch, dann nachhaltig gefangen oder gezüchteten Fisch und, falls der Geldbeutel es zulässt, in Bioqualität.

Wenn Ihr Fisch essen wollt, was die beste Wahl an tierischen Proteinquellen ist nach meiner Ansicht, dann würde ich euch empfehlen, ihn direkt nach dem Training zu essen. Und es reicht vollkommen, wenn Ihr genügend pflanzliche Proteine zu euch nehmt, Fisch nur ein bis zweimal im Monat, am besten geräucherten Lachs oder Forelle zu essen.

Wobei dies nicht notwendig ist, weil Ihr alle Proteine, Fettsäuren, die in Fischen enthalten sind, auch aus pflanzlichen Quellen beziehen könnt.

Wenn Fisch oder andere tierischen Produkte gegessen werden, dann am besten direkt nach dem Training.

Warum? - Ich habe vor einiger Zeit einen Studienbericht gelesen, in dem beschrieben wurde, dass alle tierischen Produkte wie Fleisch jeglicher Art, Fisch, Milchprodukte und Eier sehr schnell Verwesungstoxine und Keime bilden und diese mit ihren Stoffwechselausscheidungen sehr schädliche Auswirkungen auf den menschlichen Organismus haben können. Dies wäre jedoch nicht so schlimm, wenn man tierische Nahrungsmittel nach starker körperlicher Anstrengung isst, dadurch werden die Verwesungstoxine und Keime „verbrannt". - Das war nur eine sehr grobe und kurze Erklärung dieser Studie.

Geflügel:

Jetzt werden vielleicht wieder einige sagen, aber Geflügel ist ja doch wirklich so gesund und hat so viele Proteine.

Ja, Geflügel hat tatsächlich relativ viel Protein. Jedoch haben viele pflanzliche Eiweißquellen auch einen sehr hohen Proteinanteil und wenig Fett wie z.B. Linsen, Kichererbsen, Tofu, Bohnen, Hanfsamen, Spirulina, Brokkoli etc.

Es besteht auch hier keine Notwendigkeit, diese Kreaturen auf engstem Raum zu züchten, so dass sie sich gegenseitig tot picken und verrückt werden, und dann noch grausam abzuschlachten.

Dennoch, wenn Ihr glaubt unbedingt, Geflügel essen zu müssen, dann gilt das gleiche, was ich schon über Fisch gesagt habe.

Es ist mehr als ausreichend, ein bis zweimal im Monat etwas davon nach dem Training zu essen.

Wiederholung:

Machen wir mal zwischendurch eine Rekapitulation.

Wir haben also gesagt, am besten wäre für uns „moderne" Menschen in unserer momentanen Zeitepoche eine abwechslungsreiche, basische Ernährung mit soweit wie Möglich regionalen und saisonalen Lebensmitteln.

Was auch viele seriöse Studien und Forschungsberichte bestätigen, einige der besten und umfangreichsten Forschungsergebnisse sind in dem Buch "China Study" und dem Film "Gabel statt Skalpell" geschildert.

Falls jemand unbedingt noch ab und zu mal Milchprodukte tierischen Ursprungs haben will, dann ist es am besten, nichtpasteurisierten, aus Frischmilch hergestellten Schaf- oder Ziegenkäse zu essen. Diese übersäuern den menschlichen Organismus nicht so extrem wie all die anderen pasteurisierten Milchprodukte.

Ich verzichte hier auf die genaue medizinische Schilderung, wie die pasteurisierten Milchprodukte den menschlichen Organismus total übersäuern. Aber Ihr könnt dies alles selbst recherchieren.

Und wenn jemand unbedingt gelegentlich Fleisch essen will, dann wie gesagt am besten direkt nach dem Training geräucherten Lachs oder Forelle.

Ich empfehle Euch auch, mal in einigen der veganen Onlineshops zu stöbern, dort findet

Ihr alle möglichen Produkte jeglicher Art auf pflanzlicher Basis.

In Berlin, Frankfurt und einigen anderen Städten gibt es auch schon rein vegane Supermärkte.

Es gibt auch einige Onlineshops, die rein vegane Muskelaufbaupräparate wie rein pflanzliche Proteine, synthetische Aminosäuren oder ähnliches verkaufen.

Proteinshakes:

Jetzt haben wir eine schöne Brücke gebaut, damit ich Euch erklären kann, wie und welche Proteinshakes ich zu mir nehme.

Ich habe gleich von Anfang an super Erfahrungen mit dem Sun Warrior Braunreisprotein gemacht, welches ich meist mit etwas Weizen- oder Gerstengraspulver und/oder noch etwas Spirulina eingenommen habe.

Aber da dieses Sun Warrior Protein leider etwas kostspieliger war und ich nur geringe finanzielle Leistungen vom Jobcenter bekommen habe, habe ich angefangen, auch andere pflanzliche Proteinpulver auszuprobieren, die ich meist online über Amazon bestellt habe. Wenn Ihr bei Amazon bei Kategorie Drogerie und Lebensmittel ins Suchfeld "vegane Proteine" eingebt, werdet Ihr reichlich Angebote finden.

Ich habe dann im Laufe der Zeit andere Reisproteine, die auch 80% Proteingehalt haben, und auch Sojaprotein, Lupinen, Erbsen- und Hanfproteine ausprobiert, wobei ich mich bei einigen geschmacklich schwer getan habe.

Momentan habe ich für mich preislich und geschmacklich eine optimale Methode entwickelt.

Ich bestelle mir ein Sojaprotein mit Erdbeergeschmack, ein geschmacksneutrales Reisprotein, Erbsenprotein und Hanfprotein jeweils das Kilo für ca. 20€. Dies mische ich zu gleichen Teilen zu je ca. 250 Gramm in einer großen Box zusammen und schüttele es gut durch, damit es gut vermischt ist. Davon nehme ich dann so ca. 2 bis 3 Messlöffel, welche in den Packungen mitgeliefert werden, mit ins Training. Direkt nach dem Training fülle ich den Shaker mit dem Proteinpulver dann mit Wasser voll, schüttele es kräftig und trinke es noch direkt im Fitnesscenter.

In den ersten drei bis sechs Monaten, während derer ich die schnellsten und heftigsten Muskelaufbauschübe hatte, habe ich abends noch einen zweiten Shake zu mir genommen. Zurzeit reicht mir ein Shake direkt nach dem Training. Wie gesagt wiege ich jetzt ca. 73,5 kg, man sieht meinen Waschbrettbauch und die Latissimus- und Brustmuskeln gut, wenn ich „oben ohne" bin. Ich bin somit sehr zufrieden fürs erste Jahr. Mein Ziel war es eigentlich, im ersten Jahr so ca. drei bis fünf Kilo Muskeln aufzubauen. Aber jetzt habe ich schon ca. 10 kg aufgebaut, darum habe ich es nicht mehr so eilig. Ich mache jetzt etwas relaxter, und sobald ich Lust habe, trainiere ich wieder heftiger und intensiver.

Ich weiß, wenn ich am Tag zwei bis drei Proteinshakes und ebenso viele Mahlzeiten zu meinem täglichen Training einnehmen würde, könnte ich locker in vier bis sechs Monaten ca. 4 bis 5 kg Muskelmasse aufbauen. Aber im Moment will ich meinen Organismus nicht zu sehr belasten, weil wir Menschen, wenn wir keine extra Muskeln aufbauen wollen, nicht so viele Proteine brauchen wie allgemein angenommen wird. Ich habe diesen Proteinüberschuss ganz bewusst nur in Verbindung mit intensivem Krafttraining eingenommen, damit mein Körper schnell Muskeln aufbaut.

Außerdem ist es eine große „Pseudowahrheit", dass angeblich tierische Proteinquellen besser sein sollen als pflanzliche. Das widerspricht sogar neuesten wissenschaftlichen Untersuchungen.

Fragen:

Solche „Pseudowahrheiten" werden ganz bewusst ins kollektive Massenbewusstsein von Lobbys wie z.B. der Fleisch- und Milchindustrie „eingeimpft", um die Massen somit zu manipulieren.

Heutzutage ist das relativ leicht, weil die wenigsten Menschen irgendetwas hinterfragen, was sie im Fernsehen sehen oder in der Schule lernen oder sonst wo aufschnappen.

Leider gibt es viel zu wenige Menschen, die einen hinterfragenden „Geist" haben. Lernt bitte, die „Dinge" zu hinterfragen und neue Perspektiven zu sogenannten festgefahrenen „Tatsachen" zu finden.

Wie gesagt, bitte erforscht und hinterfragt auch das nach, was ich hier schreibe, und probiert es auch aus und experimentiert mit dem Wissen herum. Probiert für Euch selbst das optimale herauszufinden. Ich will Euch hiermit lediglich einen Leitfaden mitgeben. Den konkreten Weg könnt nur Ihr selbst für Euch selbst herausfinden. Die folgenden Fragen können Euch eine Hilfestellung geben:

Wie könnte man es besser machen?

Ist das wirklich wahr?

Welche anderen und außergewöhnlichen Informationen gibt es noch dazu?

Was ist die exoterische und was ist die esoterische Meinung dazu?

Wie könnte ich es sonst noch machen, was bisher noch keiner gemacht hat?

Woran hat bisher noch keiner gedacht?

Welches sind die außergewöhnlichsten und spektakulärsten Meinungen dazu?

Wo kann ich noch Informationen finden, wo bisher noch keiner gesucht hat?

Usw.

Wann essen?

Vielleicht fragt Ihr euch auch, wann es am besten ist, etwas zu essen.

Dazu gibt es keine Allgemein richtige Empfehlung. Ich kann Euch lediglich erläutern, was sich bei mir gut bewährt hat.

Wenn ich sehr früh morgens aufstehen muss, habe ich meistens keinen großen Appetit. Darum esse ich dann meistens wenig, trinke lieber viel Wasser und nehme eine Hand voll Spirulinapresslinge und vielleicht noch eine Banane zu mir.

Wenn ich nicht ganz so früh aufstehen muss, stehe ich irgendwann am Vormittag auf und esse ein Müsli mit einer Packung eingefrorener Himbeeren, die ich über Nacht auftauen lasse und mache noch weißen Natursojajoghurt ohne Zucker rein, und manchmal füge ich noch etwas Reismilch oder Kokosmilch und einen kleinen Messlöffel Weizen- oder Gerstengraspulver dazu.

Da ich mit vollem Bauch nicht so gut trainieren kann und weniger Energie habe, weil es zur Verdauung benötigt wird, esse ich meistens nichts oder wenig vor dem Training.

Manchmal esse ich nur eine kleine Mahlzeit, warte ein bisschen, bis es etwas verdaut ist, und gehe danach trainieren.

Ich habe auch schon mal synthetisch hergestelltes Creatin und Aminosäuren vor dem Training ausprobiert und habe festgestellt, dass es tatsächlich einen kleinen „Kick bzw. Energieschub" gibt.

Darum nehme ich diese gelegentlich ein. Wobei es nicht so oft ist, weil eine Monatspackung bei mir meist drei bis sechs Monate hält.

Smoothies:

Ich habe zu Beginn meines Trainings auch manchmal einen kleinen Proteinshake-Smoothie mit etwas Reisprotein, einer Banane, etwas Himbeeren und Heidelbeeren mit Wasser gemixt und getrunken.

Smoothies sind echt eine feine Sache und Ihr könnt die unglaublichsten Smoothies zusammen mixen. Im Internet werdet Ihr dazu auch viele Infos finden, ich habe mir mal vor einigen Jahren einige gute Smoothie-Bücher zugelegt.

Man kann sogar auch Smoothies mit Kräutern und Wildkräutern machen, welche echt supergesund sind. Wenn Ihr Euch noch nicht so gut mit Wildkräutern auskennt, empfehle ich Euch einige Wildkräuterwanderungen mitzumachen und Euch richtig zu informieren.

Wobei jeder Brennnessel, Löwenzahn, Giersch und Spitzwegerich kennt. Man muss diese eben mit anderen Lebensmitteln wie Bananen oder Äpfeln oder ähnlichem mixen, damit es am Ende noch gut schmeckt. Und mit etwas Reis- oder Hanfprotein sättigen Smoothies wirklich gut.

Also, probiert und experimentiert herum und findet Eure eigene Lieblingssmoothies. Ihr könnt Euch auch einen großen Smoothie mit den pflanzlichen Proteinen und anderen Lebensmitteln direkt nach dem Training mixen und genießen.

Tipps und Zusammenfassung Ernährung:

Nachdem ich nach dem Training meinen Proteinshake zu mir genommen habe, warte ich meistens ein bis zwei Stunden, bis es etwas im Verdauungstrakt durch ist, und koche erst dann mir eine große Mahlzeit.

Ich esse gerne viel Wokgemüse mit Tofu in der Pfanne angebraten. Oder Dinkelnudeln mit Gemüse, Sojageschnetzeltes und Tomatensauce. Man kann viele leckere proteinhaltige Speisen auf pflanzlicher Basis zubereiten. Falls Ihr da mehr Inspirationen, Anregungen und Ideen wünscht, kann ich Euch das "Vegane Studentenkochbuch" von Maren Becker und mir (Cosmo Vega) als Co-Autor im Roh-Ark-Verlag empfehlen.

Wir haben darin extra leichte, schnelle, günstige und leckere Gerichte zusammengetragen, weil die meisten anderen veganen Bücher voll mit teuren, komplizierten Rezepten sind.

Wenn ich schon dabei bin, etwas Eigenwerbung zu machen, dann darf ich Euch vielleicht auch mein erstes Buch "Wach auf und lebe bewusst", auch im Roh-Ark-Verlag, empfehlen.

Darin behandle ich vielerlei Themen, unter anderem auch Ernährung, wobei das Themenspektrum sehr breit gefächert ist.

Was gibt es noch über Ernährung zu sagen?

Wie gesagt gebe ich Euch hier sehr komprimiert die Einsicht von ca. 20 Jahren intensiver Arbeit in diesem Bereich weiter.

Einen sehr guten und interessanten Artikel habe ich erst neulich im Internet gefunden auf der Seite:

www.zentrum-der-gesundheit.de/muskelaufbau-vegan-ernährung-ia.html oder Ihr googelt es einfach. Dieser Artikel ist nicht lang, aber superspannend, weil es eine aktuelle Studie schildert, die mit Kraftsportlern gemacht wurde, von denen je eine Gruppe das klassische Molkeprotein bekommen und die andere Gruppe Reisprotein erhalten haben.

Ich will es spannend machen und Euch hier nicht das Ergebnis verraten, welche Gruppe mehr Muskeln aufgebaut hat. Ihr müsst dabei bedenken, dass die pflanzlichen Proteinquellen wesentlich gesünder sind. Darum lest bitte selbst nach, was da drin steht, es lohnt sich!

Übrigens findet Ihr auf dieser Zentrum-der-Gesundheit.de-Seite auch viele weitere, sehr interessante Informationen, wie z.B. über Lupineneiweiß, basische Ernährung und vieles mehr.

Fassen wir noch einmal das Wesentliche über Ernährung zusammen:

- Ihr könnt sehr, sehr gut mit pflanzlichen Proteinen Muskeln aufbauen und Sport betreiben!
- Tierische Fette und Proteine können langfristig zu vielerlei schlimmen Krankheiten führen, was durch zahlreiche seriöse Studien belegt worden ist. Auf der Peta- und Pro-Vegan-Interntseite findet Ihr dazu reichlich Informationen.
- Rein pflanzliche Ernährung ist optimal für Leistungssportler. Es waren und sind viele Spitzensportler Veganer. Tippt mal nur so zum Spaß bei youtube oder Google im Suchfeld Vegane Sportler oder Vegane Promis ein und lasst euch überraschen.
- Ernährt Euch soweit wie möglich in naturbelassener Bioqualität, soweit Ihr es Euch leisten könnt.
- Esst viele basische Lebensmittel und Gemüse, wie z.B. Brokkoli, Karotten, grüne Bohnen etc. Und auch andere nahrhafte und gesunde Lebensmittel wie Quinoa, Hirse, Amaranth, Dinkel, Naturreis usw.
- Vermeidet übersäuernde Lebensmittel wie alle tierischen Nahrungsmittel, raf-

finierte Produkte wie z.B. raffinierter Zucker, Salz, Weißmehl usw.
- Esst lieber Vollkornprodukte, Steinsalz oder Meersalz, wenn überhaupt Zucker, dann braunen Zucker oder Stevia oder Agavendicksaft oder Ahornsirup.
- Vermeidet zu fettige Speisen und esst auch nicht zu viele pflanzliche Öle oder Fette. Avocados, Nüsse, Lein-, Oliven- oder Hanföl sind ziemlich gesund in kleinen Mengen.
- Vermeidet unreifes Obst und Gemüse.
- Nüsse sind in Ordnung und gut, solange man sich damit nicht vollstopft.
- Frische Sprossen und Keimlinge sind überaus gesund.
- Mixt eure eigenen Smoothies.
- Im Winter und wenn es kalt ist, sind Früchte und Obst ungeeignet, weil Sie den Körper unterkühlen. Also Früchte nur im Sommer und wenn die Saison dafür ist, essen.
- Stattdessen sind gut gewürzte Suppen mit viel Gemüse und z.B. roten Linsen oder Bohnen oder ähnliches zu bevorzugen, weil diese den Organismus erwärmen.
- Probiert soweit wie möglich und soweit es Euer Geldbeutel zulässt, eure

Lebensmittel regional, saisonal und in Bioqualität einzukaufen.
- Keine Steroide oder andere illegale ungesunde Stoffe. Seid und bleibt "Natural Bodybuilder".
- Esst wenn Ihr Hunger habt, aber gönnt Euch auch Verdauungspausen, bevor Ihr nachlegt. Und wenn Ihr bei regelmäßigem intensivem Training etwas über euren Hunger „hinaus esst", und die anderen Tipps hier einhaltet, werdet Ihr schnell Muskelmasse aufbauen und Fett verbrennen.

Kapitel 4

Training

Trainingspraxis:

Eine Zwischenbemerkung, falls Ihr Euch fragt, warum ich Euch immer wieder empfehle, selbst zu recherchieren, dann mach ich das ganz bewusst deshalb:

Ist es nicht so, wenn wir ein Buch lesen und damit durch sind, dass wir vieles vergessen und vielleicht nur ein Bruchteil von den Anregungen in die Praxis umsetzen?

Mir geht es hier nicht unbedingt darum, wie viele dieses Buch lesen und dann "Ja, schön und gut" sagen und so weiter machen wie bisher, sondern meine Absicht ist, so viele Menschen wie möglich konstruktiv zu inspirieren und zum Handeln und Ausprobieren anzuregen.

Wenn wir selbst recherchieren müssen und interessante Informationen herausfinden, hat das eine „intensivere" Qualität und Einprägsamkeit, als wenn man alles nur „vorgekaut und serviert" bekommt. Darum rege ich Euch zu eigenen Nachforschungen an!

Was kann man schon über die Trainingspraxis sagen, was noch nicht gesagt worden ist?

Eigentlich gibt es dazu nicht so viel zu schreiben.

Man findet ja heutzutage zu jedem Argument auch ein Gegenargument. Ganz besonders, wenn es um Ernährung und Kraftsport geht. Es gibt auch unzählige Infos und Videos im Internet. Darum möchte ich mich zu dieser Thematik nicht als „Oberexperten" darstellen, sondern nur kurz schildern, was bei mir effektiv und gut funktioniert hat, und noch ein bisschen meine Meinung dazu.

Als ich mit meinem Krafttraining angefangen habe, hatte ich schon von früher einiges an Wissen und Erfahrungen in diesem Bereich. Ich habe mein Leben lang schon allerlei Sport betrieben.

Dennoch habe ich zu Beginn im Fitnessstudio ein Einführungsprobetraining mitgemacht. Dabei hat man mir kurz einige Geräte erklärt und das Studio gezeigt.

Ich habe dann auch einen Ganzkörpertrainingsplan mit Basisübungen an Geräten bekommen, was ich auch den meisten Anfängern empfehlen würde, erst so ca. drei Monate nur an Geräten Ganzkörpertraining zu machen. Wobei ich relativ lange und intensiv trainiert habe, weil ich relativ viel Freizeit hatte.

Ich habe oft etwa 1,5 bis 2,5 Stunden trainiert. Meistens bin ich so ca. nach 1,5 Stunden in einen „Flowzustand" gekommen und mein Körper hat Glückshormone ausgeschüttet, wovon auch Marathonläufer und andere Sportler berichten, wenn Sie über einen Punkt drüber trainieren.

Ich weiß, jetzt werden vielleicht einige sagen, wenn man über eine Stunde trainiert, fängt der Körper an, Muskeln abzubauen oder irgendetwas Ähnliches.

Wie gesagt, probiert selbst, was Euch gut tut und bei Euch gut funktioniert.

Aber zu diesem Argument kann ich sagen, ich habe früher auch einige Jahre als Stahlbauschlosser sehr hart gearbeitet und da waren wir manchmal 12 Stunden schwer arbeitend auf den Beinen unterwegs und haben viel herumgetragen. Oder viele Maurer und andere Baustellenarbeiter sind auch viele Stunden hart arbeitend unterwegs.

Ich war auch schon mal ungefähr sechs Monate quer durch Indien unterwegs, dort habe ich Kulis gesehen, die unglaublich schwere Gewichte den ganzen Tag herumgeschleppt haben. Kulis sind so eine Art menschliche Gepäck- und Lastenträger. Diese Menschen Ernähren sich dort fast ausschließlich von ein bisschen Reis und Gemüse und bekommen für Ihre harte Arbeit nur einen Hungerlohn.

Einen Kuli werde ich nie vergessen. Es war irgendwo in Südindiens tropischer Hitze. Dieser Mann war schlank, muskulös und gut definiert und hat einen sehr großen Gepäck- bzw. Lastenwagen bergauf per Hand vor sich hergeschoben. Dabei hat man fast jeden Muskel gesehen, an seinen Armen und Schultern wie bei Frank Medrano. Er hat da so eine unglaublich schwere Last vor sich hergeschoben, was wahrscheinlich nur so Strongman-Profis schaffen würden wie z.B. Patrick Baboomian, der auch Veganer ist. Was mich so sehr beeindruckt hat, dieser Mann war echt sehr schlank und definiert und hat ein Vielfaches von seinem Körpergewicht in dieser sengenden Hitze durch die überfüllten Straßen einer südindischen Stadt herum geschoben.

Wenn man die Strongman-Wettbewerbe anschaut, sind diese Männer sehr groß und breit und nicht so schlank und definiert wie dieser Kuli. Ich bin mir sicher, dass dieser Kuli sich auch rein pflanzlich ernährt hat. In Indien sind die Meisten Menschen Vegetarier oder Veganer aus kulturellen und religiösen Gründen, weil sie überwiegend Hindus sind. Und Indien hat ca. eine Milliarde Einwohner.

Zurück zum Training und Fitnessstudio. Ich würde zu Beginn erst mal hauptsächlich mit Gerätekrafttraining anfangen und dann so Schritt für Schritt auch auf Freihanteln und komplexere Übungen übergehen.

Wobei man auch jederzeit Körpergewichtsübungen und auch am TRX-Band Übungen ins Training integrieren kann. Ihr habt sicher schon von TRX und Calisthenics gehört?

Am Anfang würde ich mit den Gewichten nicht gleich übertreiben, da die Sehnen und Bänder wesentlich länger brauchen, um „aufzubauen", als Muskeln.

Ganz besonders müsst Ihr auf Eure Handgelenke aufpassen. Ich habe mal in einem

Training etwas übertrieben lange und intensiv an der Multipresse trainiert und habe ständig hohe Gewichte genommen. Dabei muss man ja die Stange immer wieder rein und raus drehen um es aus- und wieder einzuhängen. Beim Training war alles noch in Ordnung, aber am nächsten Tag hatte ich heftige Schmerzen im Handgelenk. Es hat über zwei Monate gedauert, bis alles wieder optimal war. Jetzt trainiere ich öfter mal mit sehr stabilen Handgelenkbandagen, wenn ich heftig trainiere und viele Druckübungen mache.

Also, seid bitte Achtsam beim Training und fühlt in Euren Körper hinein, was ihm gut tut, und übertreibt nicht. Ich sehe immer wieder im Studio junge Männer, die sich selbst und ihren Kumpels was beweisen wollen, dabei viel zu viel Gewicht nehmen, die Übungen miserabel ausführen und sich dabei mehr schaden als Gutes tun.

„Ich weiß, dass alle meine Leser zu den achtsamen Menschen gehören und immer mit Herz und Verstand trainieren".

Trainingsmethoden:

Wie viele Sätze, wie viele Wiederholungen, wie lange Pausen...?

Ich habe intensiv und sehr abwechslungsreich trainiert. Wobei ich manchmal konventionell mit ca. drei bis vier Sätzen und je ca. acht bis zehn Wiederholungen und ca. 30 bis 60 Sekunden Pausen zwischen den Sätzen gemacht habe.

Sehr gute Erfolge habe ich auch mit Hochfrequenztraining und Autoregulation gemacht. Dabei nimmt man hohe Gewicht bis fast ans Leistungslimit, sodass man dann ca. drei bis fünf Wiederholungen schafft und dann nur sehr kurze Pausen macht von ca. drei bis fünf tiefen Atemzügen. Dies wiederholt man, bis man intuitiv merkt, dass es genug ist.

Diese Methode empfehle ich eher Fortgeschrittenen. Es ist unmöglich, allgemeingültige Regeln fürs Training zu geben. Es hängt auch vom Trainingsziel jedes Einzelnen ab.

Ich denke, das Medium Internet mit youtube-Videos oder ähnlichem und DVDs sind da besser geeignet im Gegensatz zu einem

Buch, um konkrete Bewegungsabläufe und korrekte Ausführungen zu erklären.

Wie heißt es so schön, ein Bild sagt mehr als 1.000 Worte. Auch wenn ich ein großer Fan von Büchern, Schreiben und Lesen bin, empfehle ich Euch, im Internet sogar kostenlos Videos von verschiedenen Experten anzuschauen wie Frank Medrano anderen, wie diese trainieren und konkrete Übungsausführungen erklären.

Schaut euch genau an, wie die Profis die Übungen ausführen, und fangt erst mal mit niedrigen Gewichten an, führt die Übungen ganz korrekt aus, steigert Euch Schrittweise hoch und setzt Eure Priorität von Anfang an auf saubere Ausführungen.

Jedes Studio hat auch eine etwas andere Auswahl an Geräten und Möglichkeiten. Probiert Euch Schritt für Schritt durch und trainiert abwechslungsreich.

Aufwärmen und Abwärmen:

Bitte wärmt Euch immer gut auf. Und macht auch immer etwas Cardiotraining für das Herz- Kreislauf-System Eures Körpers.

Am besten wäre in Wald und Natur an der frischen Luft zu joggen oder schnell gehen.

Bewegt Euch wirklich so oft wie möglich in der Natur an der frischen Luft, um Euren Körper mit Sauerstoff aufzutanken.

Ich fahre ins Studio fast 15 Minuten mit dem Fahrrad und gehe dann noch ca. 2,5 Minuten vorwärts und auch 2,5 Minuten rückwärts auf dem Crosstrainer. Danach noch ca. 3 Minuten auf dem Rudergerät. Das alles zusammen ist mein Aufwärmprogramm vor dem Training.

Manchmal mache ich auch zum Aufwärmen so eine Art 15minütiges Zirkeltraining an Geräten, wobei ich zehn Geräte je eine Minute trainiere und dann nur 30 Sekunde zum Wechsel für das nächste Gerät habe. Es gibt in den Meisten Studios so einen Zirkeltrainingsraum mit den entsprechenden Geräten und einer großen Uhr, auf der man genau die 60 und 30 Sekunden Pause gut sehen kann.

Ihr könnt auch Euer eigenes Aufwärmprogramm kreieren, wobei Ihr dies ebenfalls individuell flexibel gestalten könnt. Wichtig ist, sich tatsächlich aufzuwärmen.

Ich habe mir auch schon leichte Zerrungen zugezogen, weil ich mich nicht genug aufgewärmt hatte oder zu Beginn meiner Sätze zu viel Gewicht aufgeladen habe.

Legt im ersten Satz nicht gleich Euer Maximalgewicht auf, arbeitet Euch da intuitiv hoch.

Wir Menschen haben eine variierende Tagesform und sind nicht jeden Tag auf dem gleichen Energielevel.

Ich möchte Euch noch ein kurzes Abwärmprogramm empfehlen. Mein „Chillout"-Programm sieht meist so aus, dass ich nach jedem Training noch ein paar Klimmzüge mache und mich dann einfach so noch einige Zeit „aushänge", um meine Gelenke und Wirbelsäule von der Schwerkraft etwas langziehen zu lassen, dabei werden die Bandscheiben entlastet.

Dann fülle ich meinen Shaker mit Wasser auf, den ich zu Hause mit meinen Vegan Proteinmix befüllt hatte. Danach setze ich mich hin und trinke ganz entspannt meinen Shake.

Zuletzt gehe ich noch für wenige Minuten auf die Powerplate für eine kurze Vibrationsmassage. Dabei lege ich mich mit meinem Rücken auf die Matte.

Ich finde dies kleine Massage auf der Powerplate ganz angenehm nach dem harten Training zum „Runterkommen".

Und selbstverständlich fahre ich wieder ca. 15 Minuten mit dem Fahrrad nach Hause. Danach warte ich etwa eine bis zwei Stunden, bis der Proteindrink etwas vorverdaut ist, bereite mir eine große Mahlzeit zu und genieße diese.

Ich weiß, bei meinem Trainingspensum könnte ich locker in ca. sechs Monaten noch ca. 5 kg Muskeln zunehmen, wenn ich am Tag zwei bis drei Proteinshakes oder Smoothies und ca. zwei bis drei große Mahlzeiten zu mir nehmen würde.

Aber im Moment bin ich zufrieden so wie es ist. Mein Ziel war, in einem Jahr ca. drei bis fünf Kilo zuzunehmen mit einem Waschbrettbauch. Jetzt habe ich einen Sixpack und ca. 10 kg zugenommen, darum will ich meinen Organismus nicht zu sehr belasten. Der Körper muss ja alles verarbeiten, was wir zu uns nehmen.

Ihr könnt das je nach Euren individuellen Zielen selbst steuern, wie schnell und wie viel Ihr zulegen wollt. Ich habe Euch hier die Werkzeuge mitgegeben, so gesund und effektiv wie möglich Muskeln aufzubauen. Benützen müsst Ihr die Werkzeuge selbst.

Ich möchte Euch noch das Dehnen und Stretching empfehlen.

Ich weiß, fast keiner tut es im Studio außer einigen wenigen Frauen.

Und ich vernachlässige es zurzeit auch, obwohl ich sogar ein Yogalehrer-Diplom habe und mich damit auch sehr gut auskenne.

Ihr könnt vielleicht mal dafür einen Stretching- oder Yogakurs oder ähnliches ausprobieren und dann daraus Euer eigenes Programm zusammenstellen.

Es ist echt gut, dass wir unsere Muskeln, Sehnen und Bänder auch ein bisschen dehnen.

Denkt daran und tut es wenigstens ab und zu für wenige Minuten, wobei Regelmäßigkeit auch hier den größten Erfolg bringt.

Ergänzungen zum Training mit Abschluss:

Ich trainiere und variiere gerne in meinem Training, wobei ich oft gerne alleine trainiere und manchmal auch gerne mit einem Trainingspartner.

Als ich letztes Jahr intensiv im Alter von 41 Jahren mit dem Kraftsport angefangen habe, war mein Trainingsprogramm auf Ganzkörpertraining für etwa zwei Stunden ausgerichtet. Damals hatte ich ja auch viel Freizeit.

Danach habe ich immer mehr Übungen ausprobiert und herumexperimentiert.

Dann habe ich eine Weile lang je einen Tag Oberkörper und den nächsten Tag nur Unterkörper (Beine und Bauch) trainiert.

Im Moment habe ich ein 4er-Splitt-Programm, bei dem ich an Tag 1 Beine und Bauch, Tag 2 Rücken und Bizeps, Tag 3 Brust und Trizeps und Tag 4 Schulter, Nacken und Unterarme trainiere.

Wie gesagt ist das hier alles, was ich schreibe, ein grober Leitfaden. Euren individuellen optimalen Weg könnt und solltet Ihr selbst herausfinden, indem Ihr viel ausprobiert, experimentiert und weiter informiert.

So, jetzt habe ich Euch kurz und bündig alles gesagt, wie Ihr schnell und effektiv auf gesunde Art mit pflanzlichen Lebensmitteln Muskeln aufbauen und überflüssiges Fett verbrennen könnt.

Viel Spaß und Erfolg beim Modellieren Eures eigenen Traumkörpers auf gesunde und natürliche Weise mit pflanzlicher Ernährung!